Ein Sommer mit NINUS

Von Lise Giødesen

LERNE LESEN

Reinbeker Kinderbücher
Carlsen Verlag

Das ist Helene. Helene mag Tiere gerne. Hier hat sie alle ihre Stofftiere im Arm. Aber sie sind nicht lebendig, und Helene wünscht sich ein richtiges Tier.

Am liebsten hört Helene Gutenachtgeschichten, in denen Tiere vorkommen. Bevor sie einschläft, fragt sie ihren Vater: „Kann ich nicht einen Hund oder eine Katze oder ein anderes lebendiges Tier bekommen?“
Der Vater schüttelt den Kopf. „Das geht nicht, Helene! Wir dürfen kein Tier in unserer Wohnung halten. Und wer sollte es versorgen, wenn wir nicht da sind? Wir sind doch so oft unterwegs!“
„Aber kleine Tiere darf man wohl haben“, sagt Helene und denkt an ihre Marienkäfer.

Am Wochenende fährt Helene mit Mutter und Vater ins Sommerhaus. Helene sammelt Marienkäfer und andere kleine Käfer in einem kleinen Glas. Aber sie fliegen immer weg, wenn Helene sie streicheln will. Später spielt Helene mit ihren Freunden und sammelt Steine und Schneckenhäuser am Strand.

Als sie nach Hause fahren wollen, schleppt Helene einen grossen Pappkarton an. „Seht mal, was ich gefunden habe!" ruft sie. „Das ist Brummel. Wir müssen ihn mit nach Hause nehmen!" „Brummel?" fragt ihre Mutter. „Wer ist Brummel?" „Hier!" sagt Helene fröhlich. Und sie zeigt einen großen, grauen Krebs, der mit allen Beinen zappelt. „Seht mal, der ist richtig lebendig! Den nehme ich mit nach Hause! Ist er nicht niedlich?"

„Oje!" sagt die Mutter und schlägt die Hände über dem Kopf zusammen.
„Aber Helene!" lacht der Vater. „Ein Krebs kann bei uns doch gar nicht leben. Er braucht Wasser.
Er würde sterben, bevor wir zu Hause wären.
Bring ihn lieber zurück!"
Also bringt Helene den Krebs wieder ins Wasser.
Man kann sehen, wie er sich darüber freut.
„Auf Wiedersehen, Brummel!"

Ihre Freunde Robert und Klara sind gekommen, um auf Wiedersehen zu sagen.
„Weißt du, Helene", sagt Robert, „du kannst doch in den Sommerferien auf eines von unseren jungen Kaninchen aufpassen! Es kann bei dir wohnen. Gefällt dir das?"
Helene freut sich riesig. Sie denkt nicht mehr an Brummel. Von nun an denkt sie nur an das kleine Kaninchen und freut sich auf die Sommerferien.
Jeden Tag fragt sie: „Wie oft muß ich noch schlafen, bis ich das Kaninchen bekomme?"

Es dauert unheimlich lange, findet Helene.
Aber endlich kommen die Sommerferien. Sie sind gerade im Sommerhaus angekommen, als Robert und Klara das Kaninchen bringen.
„Hier ist dein Kaninchen, Helene!“ sagen sie.

Es ist das niedlichste Kaninchen der Welt! So weich und warm. Helene streichelt es mit ihrer Wange. „Jetzt bist du mein kleines Kaninchen“, flüstert sie. „Du sollst Ninus mit Vornamen und Kaninus mit Nachnamen heißen.“

Ninus ist kein gewöhnliches Kaninchen. Er hat zwei verschiedene Ohren: eins steht ab, und eins hängt herunter.
„Einer von seinen Großvätern war ein Widderkaninchen", erklärt Robert. „Das ist eine Kaninchenrasse, bei der die Ohren herunterhängen.
Aber Ninus ähnelt seinem Großvater nur auf einem Ohr."

Am nächsten Tag kommt Helenes Freundin Maja zu Besuch, um Ninus anzusehen.
Plötzlich sagt Maja: „Oje! Guck mal!"
Sie zeigt auf Helenes Kleid.
Ninus hat kleine Kugeln gemacht. Helene ist ganz erschrocken. Das hätte sie nicht von Ninus gedacht.

Als Ninus sie dann auch noch naßmacht, wird es ganz schlimm. Helene fängt an zu weinen und schubst Ninus weg.
„Geh weg, du dummes Kaninchen!“ ruft sie.

Aber bald sieht Helene ein, daß Ninus nichts dafür konnte. Er weiß ja nicht, daß er Helenes Kleid nicht schmutzig machen darf.
Und dann sind sie wieder gute Freunde. Helene gibt Ninus eine Möhre, um ihm zu zeigen, daß sie nicht mehr böse ist.

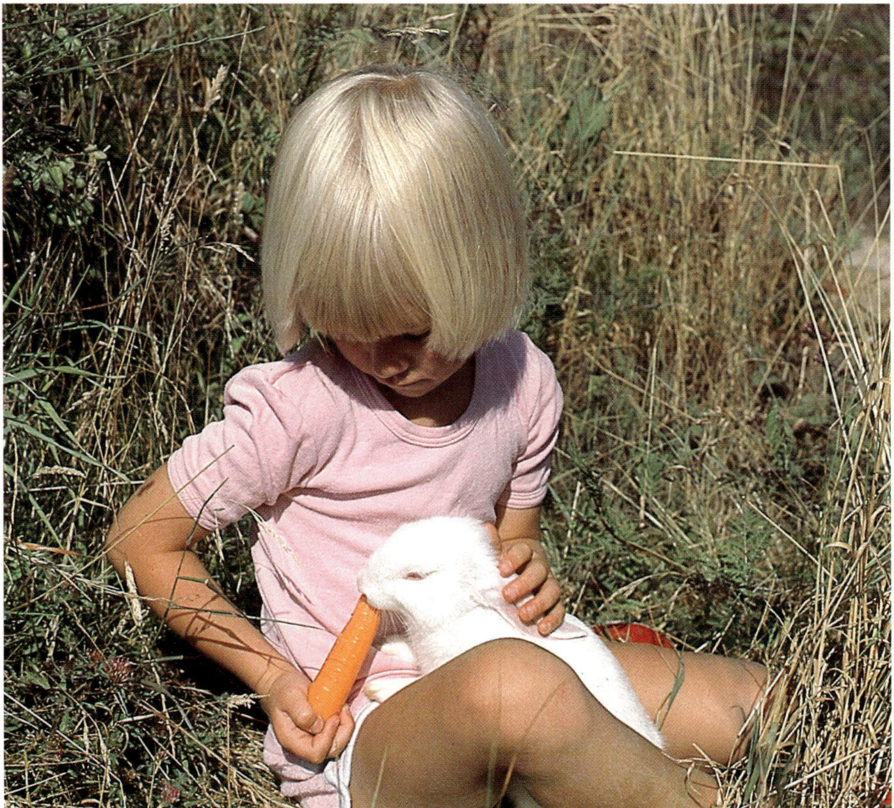

Ninus ist hinter den Kindern hergelaufen.
„Komm, Ninus“, sagt Helene. „Wir backen einen Sandkuchen für dich!“

Helene will Ninus im Puppenwagen spazierenfahren. Aber das gefällt ihm nicht, und er springt wieder heraus. Da holt Helene doch lieber ihre Puppen.

Ninus will auch nicht mit auf dem Fahrrad sitzen.
Das kann Helene gar nicht verstehen. Aber die Mutter sagt: „Sieh mal, Ninus ist ein lebendiges Tier. Du kannst mit ihm nicht wie mit einem Spielzeug spielen!"
Abends sind Helene und Ninus müde. Helene bringt Ninus in den Käfig, in dem er schlafen soll.

„Gute Nacht, Ninus", sagt sie. Ninus bleibt noch einen Augenblick sitzen und schaut ihr nach. Dann kuschelt er sich ins Stroh und schläft. Eigentlich hätte Helene das Kaninchen gerne mit ins Bett genommen. Aber das darf sie nicht. Also schläft sie mit ihrem Teddy.

Am nächsten Morgen kommt Helenes Freund Martin. Er möchte Ninus auch gerne kennenlernen. Sie gehen zum Käfig, um ihn zu wecken. Aber der Käfig ist leer. Ninus ist weg!

Sie suchen Ninus überall. Aber in dem hohen Gras ist ein Kaninchen nicht leicht zu finden.
Helene schluchzt: „Wir finden ihn bestimmt nicht wieder!“ Aber Martin sagt: „Wir müssen ihn finden! Sonst kann er vom Fuchs gefressen werden!“

Da ruft die Mutter: „Helene, Martin! Ich habe Ninus gefunden! Er ist hier! Er ist unter den Herd gekrochen.“
Und richtig – Ninus hat es sich unter dem Herd gemütlich gemacht. Und für den Rest des Sommers bleibt das sein Lieblingsplatz.

Später gehen sie zum Käfig. Da entdecken sie das Loch im Maschendraht, durch das Ninus geschlüpft ist. Der Vater bringt noch mehr Maschendraht an, damit Ninus nicht noch einmal entwischen kann.

Ninus ist nicht gerne in dem kleinen Käfig. Er läuft lieber frei herum. Deshalb hat er auch einen großen eingezäunten Spielplatz. Hier kann er herumhoppeln, und Helene kann ihm zusehen.

Der Käfig muß jeden Tag saubergemacht werden. Und mehrmals am Tag müssen Löwenzahnblätter und anderes Grünzeug für Ninus gesammelt werden.
Ninus kann unglaublich viele Löwenzahnblätter fressen! Deshalb hat Helene bald keine Lust mehr.
„Ein Kaninchen macht zu viel Arbeit!" sagt sie.
Aber wenn die Erwachsenen und auch die Freunde helfen, dann macht es Spaß, ein Kaninchen zu versorgen.

Martin hilft
Helene beim
Löwenzahn-
pflücken,
und bald ist der
Eimer voll.
„Davon wird
Ninus bestimmt
satt!" lacht
Helene.

Mit der Zeit ist Ninus ganz zahm geworden.
Er liebt es, auf dem Rücken zu liegen und am Bauch gekrault zu werden.
Eine Katze schnurrt, wenn man mit ihr schmust, aber Ninus ist immer still. Nur ein einziges Mal gibt er einen Laut von sich, als Helene ihn ein bißchen zu fest anfaßt.

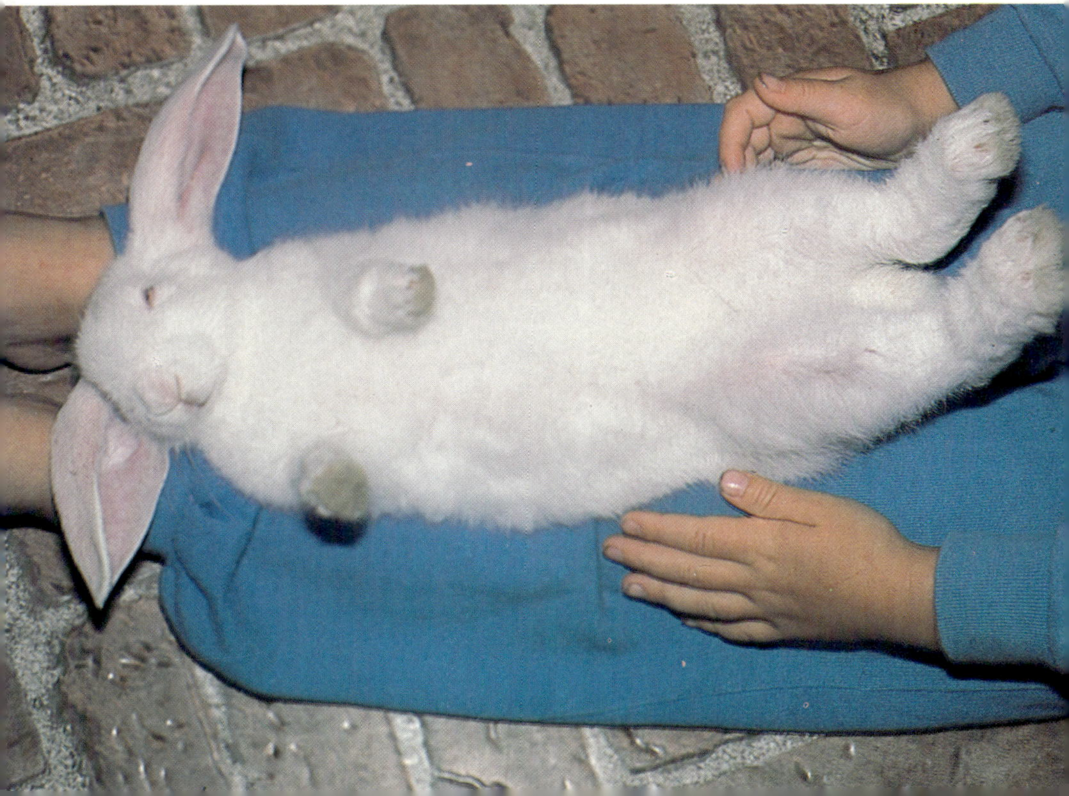

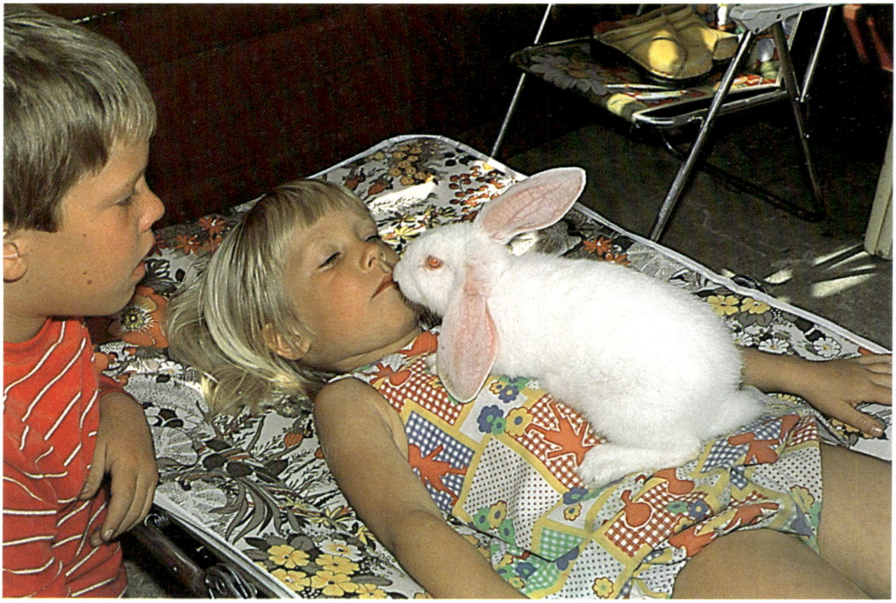

Helene hat es gern, wenn Ninus auf ihr herumkrabbelt. Es kitzelt, wenn er schnuppert und leckt. Manchmal kratzt er sie auch mit seinen scharfen Krallen. Das tut weh. Aber Ninus macht das natürlich nicht mit Absicht.

Ninus will nicht immer schmusen. Manchmal wird es ihm zuviel, und dann möchte er in Ruhe gelassen werden.

Wenn jemand vergißt, eine Tür zuzumachen,
rufen alle erschrocken: „Wo ist Ninus?“
Und dann suchen sie, bis sie ihn gefunden haben.

Eines Tages, als sie Besuch haben und am Kaffeetisch im Garten sitzen, macht Tante Brigitte plötzlich ein ganz komisches Gesicht. „Hilfe!" ruft sie. „Irgend etwas kitzelt mich an den Füßen!"

Natürlich ist es Ninus. Er hat an Tante Brigittes roten Fußnägeln geschnuppert. Vielleicht dachte er, es sind Kirschen.

Wenn Helene Besuch hat, ist Ninus immer dabei.
Vielleicht gibt es ja etwas zu fressen für ihn?

„Aber, aber!“ lacht Helene plötzlich. „Du hast mein Wurstbrot erwischt, Ninus! Weißt du nicht, daß Wurstbrot nichts für Kaninchen ist“

Dann wird Ninus an die Katzenleine gelegt, und die Kinder gehen mit ihm spazieren. Dabei kann er so viel fressen, wie er mag.

Ninus geht gerne spazieren. Manchmal bleibt er stehen, um etwas zu untersuchen. Aber dann will er schnell weiter.
„He, wo willst du hin? Nicht so schnell, Ninus!" ruft Helene. Ninus weiß natürlich nicht, wohin er will. Er will einfach weiter.

Dann kommt der Tag, an dem die Sommerferien vorbei sind. Sie müssen wieder zurück in die Stadt. Helene weiß, daß sie Ninus nicht mit nach Hause nehmen kann.
Als sie ihren Koffer packt, kommen Robert und Klara, um Ninus abzuholen.

Helene ist traurig.
„Der Sommer ist ja noch nicht vorbei!" sagt Robert
„Ihr kommt sicher noch ein paarmal am Wochen-
ende heraus. Dann kannst du Ninus doch
besuchen."
Helene nickt.

Sie winkt, solange sie Robert und Klara und Ninus sehen kann. Und es sieht so aus, als ob Ninus auch mit seinem Ohr winkt.

Schon am nächsten Wochenende fahren sie wieder ins Sommerhaus. Helene läuft hinüber zu Klara und Robert. Es ist schön, Ninus wiederzusehen! Und all die anderen Kaninchen, die Klara und Robert gehören.
Helene freut sich schon auf den nächsten Sommer.

WAS MAN ÜBER KANINCHEN WISSEN MUSS

Gesundheit: Ein gesundes Kaninchen hat glattes, glänzendes Fell. Seine Augen sind klar, die Schnauze ist trocken und warm. Die Ohren sind sauber, ebenso das Fell um die Darmöffnung herum. Wenn du glaubst, dein Kaninchen könnte krank sein, dann geh mit ihm zum Tierarzt.

Futter: Kaninchen brauchen täglich sauberes Wasser und frisches Futter. Sie dürfen nicht mit Küchenabfällen gefüttert werden! Am liebsten fressen sie Heu, Trockenfutter und Grünzeug. Du kannst sie mit Gras, Löwenzahn, Mohrrüben, rohen Kartoffeln, Unkraut, Brot und kernigen Haferflocken füttern. Pflück das Grünfutter aber nicht am Straßenrand, denn dort ist es zu stark verschmutzt. Außerdem darf das Grünfutter für Kaninchen nicht zu feucht sein.

Stall: Der Kaninchenstall muß trocken und windgeschützt stehen. Wenn er groß genug ist und sich über dem Erdboden befindet, können Kaninchen das ganze Jahr über im Freien bleiben.

Wetter: Kaninchen vertragen keine große Hitze, keine Zugluft, keinen Wind und auch keine plötzlichen Temperaturschwankungen wie zum Beispiel den Übergang aus einem geheizten Raum hinaus in die Kälte.

Pflege: Stall und Futterschale müssen täglich gesäubert werden. Sei freundlich zu deinem Kaninchen und spiel nicht zu wild mit ihm! Laß dir zeigen, wie man es richtig hochnimmt und trägt.

Lebensdauer: Ein Kaninchen wird gewöhnlich vier bis fünf Jahre alt.

LIES MEHR ÜBER KANINCHEN, WENN DU SELBST EINS HABEN MÖCHTEST.

1. Auflage (gebunden) in Druckschrift 1984

Aus dem Dänischen von Elke Pirck
EN SOMMER MED NINUS

05088419/12071 · ISBN 3-551-53159-5 · Bestellnummer 53159